Meditación

GUÍA BÁSICA DE MEDITACIÓN

Equipo de investigación en calidad de vida: Irene Acero, Juan C. Kreimer, Rosana Acero, Arq. Ernesto Spezzafune

Ilustraciones: Arminda San Martin
Diseño de portada: Lucía Vainstein
Diseño interior: Marcela Rossi (A&E Longseller)
Corrección de estilo y pruebas: Claudia Menéndez

Deva's es un sello de Longseller S.A.

Casa matriz: Avda. San Juan 777
(C1147AAF) Buenos Aires - República Argentina
Internet: www.longseller.com.ar
E-mail: ventas@longseller.com.ar

158.1 Rodríguez Acero, Margarita
ROD Guía básica de meditación.- 1ª ed.- Buenos Aires: Deva's, 2003.
96 p.; 20x14cm.(Guías Deva's)

ISBN 987-20322-5-4

I. Título - 1. Autoayuda

Queda hecho el depósito que marca la ley 11.723

Impreso y hecho en la Argentina
Printed in Argentina

Esta edición de 3000 ejemplares se terminó de imprimir en los talleres de Longseller, en Buenos Aires, República Argentina, en abril de 2003.

Primera Parte

Meditación: una exploración interna

La meditación es una disciplina espiritual milenaria que ha traspasado los límites de Oriente para introducirse en Occidente. Existen muchas y diferentes técnicas de meditación, de diversas religiones y filosofías. Algunas son más rigurosas y complejas que otras, pero todas apuntan a la expansión de la conciencia y a la transformación del individuo.

Definir la experiencia de meditar es una tarea casi utópica debido a que cada ser humano alcanza y vivencia, durante la práctica, diferentes respuestas y niveles místicos. Pero la siguiente metáfora del escritor Maurice Maeterlinck avanza hacia la comprensión del término meditación: *"Cuando los labios duermen, las almas despiertan y comienzan a obrar..."*. Para completar la definición de meditación, a la ausencia de palabras habría que sumarle el silencio de las emociones y de la mente.

Es común asociar la meditación a una tarea solemne destinada al sacrificio físico y mental para alcanzar la Iluminación. Pero para desterrar esta idea sólo es cuestión de poner en práctica las técnicas de relajación, concentración, visualización y meditación, entre otras, que se exponen más adelante. Fundamentalmente, la meditación se basa en dirigir la atención hacia uno mismo. La mejoría física, intelectual y espiritual será inmediata y el nivel de la meditación irá creciendo de manera gradual.

Los dolores musculares, la falta de energía y las migrañas comienzan a aparecer, muchas veces, sin razón aparente, pero son resultado de una acumulación progresiva de tensión.

A través de la meditación se logra mayor capacidad de memoria y atención. Vaciar la mente aplaca la ansiedad y purifica los sentidos agobiados por el estrés diario. También equilibra las emociones y ayuda a dormir bien. Además, la meditación resulta una excelente aliada en la **prevención** de las dolencias mencionadas. Pero lo más importante es que el fruto de la práctica espiritual se ve reflejado en las actividades cotidianas. Será de gran ayuda ponerse metas simples. Esperar grandes resultados en poco tiempo sólo acarreará frustración.

La meditación se ha convertido en un paso primordial en el camino del autoconocimiento. Detenerse a meditar permite acceder a un mundo cósmico, sintiendo la paz y la unidad universal.

La meditación que se hace hábito, se constituye luego en una filosofía de vida. Sólo hay que liberar los temores para darle lugar al amor incondicional que fluye en estado de meditación y que se evidencia como la verdadera naturaleza del ser. Éste conduce a la libertad y por consiguiente, a la transformación.

¿Qué beneficios se deben esperar?

Los beneficios de la meditación surgen al formar un hábito a partir de la constancia. Tal vez las primeras prácticas resulten tensas, dispersas y hasta aburridas. No se debe perder la paciencia ante las primeras limitaciones. Cabe recordar el proverbio: *"La paciencia es un árbol de raíz amarga, pero de frutos muy dulces"*.

Los resultados de la meditación se manifiestan en los planos espiritual, emocional, mental y físico. Si bien las principales metas consisten en aquietar la mente y alcanzar un estado de conciencia pura, la práctica espiritual actúa progresivamente sobre el carácter. Promueve la autoconfianza y ayuda a la disminución de respuestas o reacciones violentas. Facilita la pérdida de miedo al futuro y libera la angustia por el pasado. Afianza la verdad, la rectitud y el sentimiento de solidaridad y servicio.

Una explicación científica para tantos beneficios

La intuición es una dimensión que se experimenta a medida que los beneficios de la meditación se instalan en el ser. El contacto con el nivel intuicional da paso a la armonía, dado que su valor esencial es el amor incondicional.

La intuición habita el hemisferio cerebral derecho o no dominante, en personas diestras. Este hemisferio posibilita el desarrollo de las actividades humanas al complementarse con el hemisferio cerebral izquierdo o dominante. Así, el hemisferio dominante abarca las siguientes funciones, entre otras: obedece a la razón y al pensamiento lineal verbal, percibe inmediatamente figuras, detalles, genera discurso, resuelve por lógica, calcula, compara.

El hemisferio no dominante (derecho, en los diestros) tiene las funciones de: desarrollar la intuición, percibir, registrar en la memoria profunda, es fuente de los deseos, la fe, la imaginación y la creatividad, los sentimientos, las fantasías, entre otras actividades.

Es decir que las funciones no conscientes se ubican en el hemisferio cerebral no dominante. Este accede a una visión contextual y panorámica, inaccesible para el hemisferio dominante. En resumen, el hemisferio derecho o no dominante capta cosas que luego pasan por el "cristal" del hemisferio dominante. Éste clasifica, codifica y luego emite la información captada por el hemisferio no dominante. De esta forma, los hemisferios realizan un trabajo de interacción.

Dado que la meditación se basa en la percepción (hemisferio cerebral no dominante), practicarla estimula el hemisferio derecho y permite un equilibrio e integración entre ambas partes del cerebro y de sus funciones. Como se sabe, toda actividad que colabore con la obtención de un equilibrio integral del cuerpo físico, emocional y mental, favorecerá la salud en un sentido amplio.

Pasos previos a la meditación

Aseo

La pulcritud y el aseo personal son esenciales a la hora de emprender una actividad espiritual. Pero, si bien algunos maestros recomiendan ducharse antes de la práctica de la meditación, lo conveniente es no hacerlo. El motivo es que el baño estimula los sentidos y origina impulsos tanto en el cuerpo físico como en el mental. Evitar las distracciones es un punto clave en la meditación, que se tratará más adelante cuando se hable de concentración.

Lugar

Lo ideal es tener un lugar fijo, acondicionado especialmente, donde se pueda realizar la práctica en silencio, sin la posibilidad de ser interrumpido, con comodidad y a solas. Cualquier espacio de la casa, aunque sea pequeño, puede servir. Meditar siempre en el mismo lugar ayuda a construir el hábito, y a que cada vez sea más sencillo conectarse con el mundo interno. Cabe reiterar que gran parte de los beneficios de la meditación se logran mediante la perseverancia.

El lugar debe mantenerse limpio y ordenado. Puede tener flores o plantas naturales (dado que poseen vibraciones positivas, que atraen entidades benéficas), una imagen del maestro espiritual a quien se ofrende la práctica, sahumerios, una vela, una pastilla de alcanfor, un hornillo o lámpara de aceite. La llama de alguno de estos últimos elementos debe estar a la altura de los ojos sobre un plato o bandeja de metal, vidrio o cerámica, que la contenga, lejos de las cortinas, para evitar un accidente en caso de que se caiga. Estos objetos se pueden colocar sobre una tarima, mesita o estante. Lo primordial es que tanto por su aroma, como por su aspecto, el lugar resulte agradable y provoque en uno tranquilidad, devoción e inspiración.

La atmósfera del lugar elegido se irá cargando paulatinamente de vibraciones positivas y benéficas que ayudarán a su vez a mejorar las prácticas espirituales.

Vestimenta

No existe una prenda universal ni indispensable para meditar, pero se recomiendan aquellas de género natural (lino, seda, algodón), preferentemente de colores claros. Lo esencial a la hora de elegir la vestimenta para realizar la práctica es que sea floja y cómoda (de acuerdo a la temperatura ambiental).

Nada muy rígido o que apriete el cuerpo puede permitir la relajación y conexión total de la persona dispuesta a meditar. Claro que si se dispone de unos pocos minutos en el trabajo, en la hora de almuerzo o en el transporte, bienvenido sea cualquier atuendo que se vista. Por último, es recomendable descalzarse.

Alimentación

Se aconseja evitar comer antes de meditar, dado que el proceso de digestión tal vez no permita sentirse relajado completamente, ni colabore con esta actividad. Cabe recordar que *"somos lo que comemos"*; por lo tanto es aconsejable llevar una dieta equilibrada, liviana y natural. Verduras, hortalizas, miel, frutas, cereales, frutos secos y harinas integrales son los pilares de una buena alimentación, y llamados por la cultura india, descripta en los Vedas, *sátvicos* (proveniente del término *satva*, pureza), es decir, aquellos que equilibran y generan en el cuerpo energía positiva. Para cuidar la salud mental y física es fundamental evitar aquellos alimentos conocidos como *tamásicos* (adjetivo sánscrito relacionado con la ignorancia, la inercia e indolencia): bebidas alcohólicas, estimulantes, cigarrillos y drogas, que inducen a la violencia. Entre los alimentos *sátvicos* y los *tamásicos* se encuentran los *rajásicos* (adjetivo que se relaciona con lo pasional y emocional, y por ende, se utiliza para calificar aquellas cosas no tan controladas por la razón, casi de característica animal). En esta categoría se ubican los alimentos que no llegan a ser *tamásicos*, pero que en Occidente son más difíciles de evitar, como los productos enlatados, las comidas muy condimentadas, muy dulces, muy ácidas, el café, y aquellos alimentos desnaturalizados por conservantes, colorantes y demás productos y procesos químicos.

También debe considerarse un alimento todo lo que entra en los planos físico, mental, emocional y espiritual mediante los sentidos. Por eso, dos buenas formas de preservarlos son: primero, tratar de relacionarse con gente buena (las buenas compañías son fundamentales), alejarse de los espectáculos y lecturas violentas, y evitar lugares ruidosos. Y segundo, mantener coherencia entre el pensamiento, la palabra y la acción. Esto fomentará una salud equilibrada e integral.

Aromas: corporal y ambiental

El sentido del olfato, con frecuencia descuidado a la hora de la práctica, puede jugar a favor o en contra, según los aromas ambientales y corporales utilizados. Cabe recordar que lo que detecta el olfato pasa directamente al cerebro y actúa tanto en el plano sutil como en el físico. Los aromas trabajan sobre las emociones, los sentimientos y el ánimo.

Para aromatizar el ambiente y el cuerpo (perfumes, lociones, colonias) es importante usar fragancias naturales y sobre todo muy suaves. Un aroma intenso y penetrante en la piel podría actuar en los centros inferiores y distorsionar los resultados deseados, durante la práctica. Lo mismo ocurre con el aroma ambiental; debe ser agradable, natural y suave para armonizar los sentidos. Pueden utilizarse sahumerios o aromatizadores con aceites esenciales relajantes, florales o purificadores. Los aceites esenciales para favorecer la meditación son: lavanda, incienso, rosa. (Véase *Guía Básica de Aromaterapia*)

Horario

Para crear el hábito de la meditación es importante realizar la práctica todos los días, a la misma hora, de ser posible, y en el mismo lugar. Hay que tener en cuenta que la regularidad ayuda a meditar cada vez mejor. Esta costumbre se puede desarrollar en cualquier momento del día: al despertarse, al atardecer o antes de acostarse.

Aunque se recomienda meditar a la madrugada, ya que en ese momento del día aún no comienzan las actividades y la mente se encuentra más despejada. De 3 a 7 de la mañana, el aire se encuentra más limpio de energías perturbadoras, y menos cargado de pensamientos.

Duración

La duración de la meditación debe surgir de forma espontánea durante una práctica armoniosa y natural. Sin embargo, de 10 a 15 minutos alcanzan para una persona que recién comienza a meditar. Lo importante es que en ese tiempo logre una atención sostenida y un óptimo estado de paz.

Postura correcta

La mayoría de los maestros espirituales recomienda no meditar acostado, y a la hora de definir una postura ideal todos coinciden en una palabra: comodidad. Es muy importante para alcanzar una concentración profunda evitar molestias en el cuerpo físico. Por lo tanto, si se cruzan las piernas en posición de loto o medio loto (véase las posiciones en la Segunda Parte), es fundamental que no se sienta dolor en los tobillos o las rodillas. La persona debe estar sentada en el piso sobre una manta, un almohadón o sobre un taburete de madera cubierto con una tela. Siempre hay que colocar una tela aislante (no conductora) para evitar el contacto directo con el suelo, dado que la tierra tiene poder de difusión y conducción. En caso de molestias en las articulaciones, es preferible sentarse en una silla (con la espalda recta, sin apoyarla sobre el respaldo) o en el piso con las piernas extendidas y juntas, sobre una tarima, manta o almohadón.

Permanecer estable en una postura resulta clave para la concentración, debido a que cuando el cuerpo se aquieta, el flujo de energía se estabiliza. Las manos pueden ubicarse sobre las rodillas, con las palmas hacia arriba de día y hacia abajo por la noche; o sobre el regazo (la mano derecha sobre la mano izquierda). Otro punto esencial es mantener la cabeza, el cuello y el tronco en una misma línea recta. Esto posibilita que la energía fluya libremente a través de la columna vertebral, alimentando todos los chakras (centros de energía). Una vez obtenida esta postura, relajar el cuerpo manteniendo esta línea imaginaria. Se puede comenzar por la cabeza, luego el cuello, los maxilares, los hombros, la cadera, las piernas, hasta llegar a los pies. Al lograr que el cuerpo se encuentre derecho pero totalmente cómodo, aflojado y sin tensiones, se puede pasar a la siguiente etapa.

Relajación

En la actualidad, sobre todo en Occidente, el ritmo apresurado de la vida cotidiana hace que el cuerpo se tense y no permite que la energía fluya correctamente al intentar meditar.

Dentro de los hábitos que pueden evitar tensiones se destacan los siguientes: dormir en el mismo horario y la misma cantidad de horas; realizar actividad física (caminatas o deportes); mantener una alimentación sana y regular.

Una buena relajación provoca cambios inmediatos en el cuerpo y la mente, ya que actúa directamente sobre el sistema nervioso. Por esta razón, toda práctica debe iniciarse con este paso. Existen diferentes maneras de relajarse; la mayoría basa la atención en la respiración. (Véase "Respiración" y "Mantras", págs. 43 y 53)

Algunas técnicas de relajación consisten en una visualización, que puede ser guiada por un instructor o repetida mentalmente por la persona dispuesta a meditar. (Véase "Ejercicio de visualización", pág. 33)

Por lo general, los ejercicios de relajación se relacionan con la luz. Ésta representa la divinidad que se manifiesta con el fin de colmar de energía y amor la mente, el espíritu y cada célula del cuerpo. La relajación puede ser acompañada con una música suave, preferentemente sólo instrumental o con sonidos de la naturaleza, como los del agua o el canto de pájaros que evocan un ambiente natural.

Ejercicios de relajación

Imaginar la captación de luz al inhalar y la expulsión de las tensiones al exhalar.

Visualizar una pequeña luz que ilumina y abarca, de a poco, cada parte del cuerpo a medida que lo va relajando, hasta visualizar todo el cuerpo envuelto en luz. Simplemente, imaginar que se sumerge el cuerpo en un río de luz y que, luego de unos minutos, se sale del agua luminosa recargado de energía.

Acostarse en el piso o cualquier superficie plana y tensar todos los músculos, hacer presión hacia abajo, como si se quisiera penetrar en el piso, para después ir aflojando cada órgano gracias al paso de una luz.

Para guiar una relajación infantil, resulta didáctico inducir a los niños a imaginar algún suceso natural: un atardecer, ovejas pastando, las olas del mar, nubecitas que pasan o gotas que caen lentamente.

Visualización

Se denomina visualización al poder natural de crear a voluntad imágenes mentalmente. De esta forma se puede crear en la mente la imagen de Dios o de paisajes placenteros, personas, animales u objetos, en el caso de estar realizando una armonización.

También se puede recurrir a una visualización para mejorar o solucionar situaciones o relaciones dificultosas. Esta técnica se llama **visualización creativa** y ayuda a proyectar energía positiva hacia situaciones que preocupan. Consiste en imaginar la escena tal como se percibe en la actualidad, para luego crear mentalmente el desenlace anhelado. Puede aplicarse, por ejemplo, ante una situación de examen, ante el temor de hablar en público, para mejorar una relación afectiva, la concreción de un proyecto, o para la sanación de una enfermedad.

Ejercicio de visualización

El ejercicio de visualización que se debe realizar para la "Meditación en la luz" es imaginando la llama de una vela. Se escoge una llama porque representa la esencia de cada ser, el amor y la luz del corazón espiritual.

El primer paso de la visualización consiste en colocar la llama frente a los ojos y observarla minuciosamente por algunos minutos. La observación detallada puede abarcar su color, altura, luminosidad y calor.

El segundo paso se basa en cerrar los ojos e intentar reproducir y mantener la forma de la llama en el entrecejo. Si no se consigue visualizar la llama en el primer intento, se debe realizar el ejercicio nuevamente. No importa la cantidad de veces que se intente, tarde o temprano la llama aparecerá e iluminará el tercer ojo.

Una vez asimilada la técnica de visualización de la llama, se puede comenzar la Meditación en la luz. (Véase "Meditación en la luz", pág. 57)

Armonización

La armonización es una práctica que consiste en aquietar el nivel de las emociones. Consta de dos pasos, la relajación y la visualización creativa. Esta práctica potencia la creatividad, la intuición y aumenta la paz. Sentarse unos minutos en silencio conecta con el interior del ser, lo que colabora a neutralizar el ruido externo y la cantidad desmedida de información y preconceptos que son introducidos en la mente desde temprana edad.

Una armonización permite alcanzar inmediatamente un estado de paz cercano a la felicidad, desde donde es posible la aceptación personal y la comunicación con el yo interno.

Se recomienda realizar ésta práctica antes de iniciar cualquier actividad laboral, educativa o que requiera concentración.

Es también el paso previo a la práctica de la meditación, puesto que predispone para ella sin requerir condiciones tan específicas.

Los principales beneficios de la armonización son el bienestar, la autoconfianza, la serenidad que deviene en el equilibrio de las emociones y la predisposición que genera para la adquisición de conocimientos.

Por este motivo es una técnica altamente recomendada en educación, ya que al aquietar las emociones, se accede rápidamente al intelecto. Además, a partir del estado de armonía es posible ver un problema desde otra perspectiva, más abarcadora, y por consiguiente, tomar mejores decisiones, disipar enojos y temores, así como también reprogramar escenas traumáticas.

Ejercicio tipo de Armonización

La corriente rosa

Si el ejercicio se hace en grupo, es importante que la persona que guía la armonización lo haga con una voz suave y pausada, dando tiempo para que cada uno logre captar la consigna.

Ponte cómodo... Respira profundamente tres veces... Rodéate con una luz cálida, y date la oportunidad de soltarte y relajarte... Cada vez que inspiras, imagínate que te llenas de esa luz…, y cuando sueltas el aire, sueltas también todas las tensiones, pensamientos y preocupaciones…

Ahora imagínate sentado o recostado en un lugar tranquilo, y advierte la Energía del Amor que abunda en el Universo. Visualízala como una nube o un arroyo rosado, o simplemente como energía rosa. Encuéntrala en la ciudad, brillando a través del smog. Encuéntrala en el romper de las olas en la playa, coronando las montañas, deslizándose a través de la campiña, brotando en manantiales que surgen del centro de la Tierra.

Ahora deja que algo de esa energía de amor fluya hacia tu corazón. Pide que ingrese solamente la cantidad que necesitas. Siéntela en tu corazón. Imagínala como un cálido resplandor, como un sol que está por salir.

Concéntrate en el latir de tu corazón, y luego deja que la calidez se desparrame con los latidos por todo el cuerpo. Cada célula, tejido, músculo, hueso, nervio, se llenará de esta resplandeciente energía rosada. Siéntela en tu imaginación, y si tienes zonas dolorosas, tanto físicas como mentales y emocionales, deja que la energía se concentre allí antes de continuar su recorrido. Te embargan la calidez y el resplandor del Amor Cósmico. Disfrútalo.

Es hora de que salga el sol, y la energía estalla en tu cuerpo como una chispeante luz blanca. Recíbela en tu corazón, deja que te llene y te sane, y luego haz que siga su curso, hacia el Universo nuevamente, en una corriente cíclica inacabable. Tal vez quieras que algunas personas que conoces estén cerca de ti como receptores de la salida del sol.

Quizás quieras enviarla deliberadamente al planeta, o canalizarla en tus pensamientos para alguien que la necesite. Cada uno la dirige hacia donde desee.

Luego de haberte sentado o tendido por un momento recibiendo, usando, dando, deja que las imágenes se diluyan, y suavemente, amándote más a ti mismo, desperézate, abre los ojos, y vuelve lentamente a la habitación donde estás. *

* *Lewis, Dorothy.* Cierro los ojos y veo, *Longseller, Buenos Aires, 1997.*

Respiración

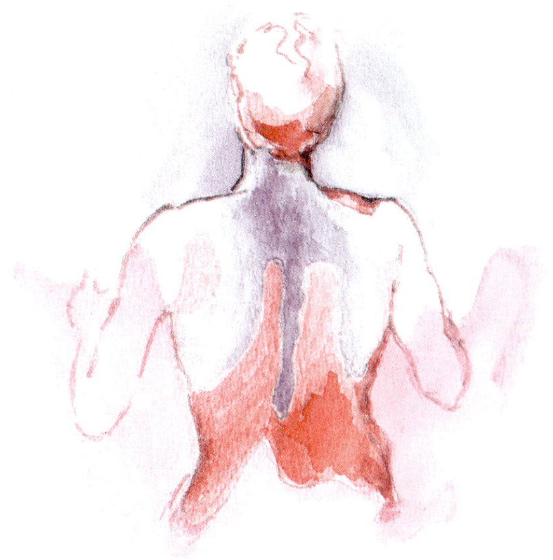

La respiración es la puerta de la concentración, debe ser cómoda y natural. Para regularla (nunca en forma brusca), se puede comenzar por inhalar y exhalar profundamente varias veces y luego menguar el flujo de aire hasta lograr automatizar la respiración. Este ejercicio de oxigenación sirve para comenzar y concluir la práctica. Es un paso de la relajación que ayuda a sumergirse en el mundo interior y a conectarse nuevamente con el exterior de manera pausada.

Cada persona debe encontrar su propio ritmo de respiración y esto se logra poniendo atención al simple proceso de respirar sin forzarlo.

Concentración

Antes de profundizar en la concentración, es importante resaltar la diferencia entre concentración y meditación. La concentración se encuentra por debajo de los sentidos, mientras que la meditación está por encima de ellos. Al alcanzar el nivel de los sentidos normales, se llega a la contemplación. (Véase "Contemplación", pág. 49)

La concentración, al igual que la relajación, forma parte de uno de los tesoros más buscados por los principiantes en meditación. A la mente occidental, envuelta en una vida moderna, colmada de entretenimientos mundanos, cada vez le cuesta más fijar la atención durante largo tiempo en un lugar u objeto destinado. Tal vez por alimentarse de la cultura "video clip" o "zapping" —insertada sobre todo en las nuevas generaciones—, que muestra diferentes imágenes en forma continua, en las cuales la atención no puede fijarse más que un par de segundos seguidos.

Distracciones

La mayoría de las personas que recién emprenden un camino en la práctica de meditación, con frecuencia padece la irrupción de pensamientos no deseados, que distraen del objetivo fijado. Ante esta situación, se recomienda observar los pensamientos detenidamente hasta que desaparezcan; entregárselos al maestro espiritual, repitiendo mentalmente “te entrego mis preocupaciones”; o visualizar y repetir en ese momento la imagen y el nombre del maestro. No se aconseja rechazar los pensamientos, puesto que, al ser reprimidos, con seguridad, volverán con más fuerza.

Una concentración desarrollada permite acceder a un elevado nivel de conexión y un dominio de la mente más eficaz en las actividades cotidianas. La práctica constante logra asombrosos resultados.

Para ejercitar la concentración existen diferentes prácticas:

- Observar un conjunto de objetos y luego, sin mirarlos, intentar recordar cada uno de los detalles.

- Escuchar música y sostener la atención en la melodía durante varios minutos.

- Mirar un objeto determinado y cuando la mente se desvíe, volver enseguida al punto focal.

Por último, es preciso recordar que se debe comenzar por estabilizar el cuerpo físico, ya que si éste se mueve, también lo hará la mente.

Contemplación

Entre la concentración y la meditación se encuentra un escalón imprescindible: la contemplación. La concentración es un estado alcanzado por debajo de los sentidos. La contemplación es una posición media a la que se llega cuando se logra el nivel de los sentidos.

Para llegar a esta etapa es necesario liberarse de las ataduras rutinarias. La contemplación implica separarse de los apegos mundanos. Luego de la contemplación, cuando se trasciende el nivel de los sentidos, se ingresa en el área de la meditación.

Propósito

El propósito es la dirección hacia donde se apuntará la meditación. Nunca debe olvidarse que la finalidad de la meditación es responder a la pregunta: "¿Quién soy?". La contestación aflorará de la experiencia interna de cada individuo. Es importante para esto invocar al maestro o Dios, cualquiera sea su religión, nombre o forma que cada uno considere afín, para que conduzca la meditación. Quien no tenga un maestro espiritual, podrá escoger una forma de la naturaleza que logre conectarlo con el alma, el ser o el yo superior.

Durante la práctica, se recomienda "trabajar" o depositar la energía solamente en la búsqueda de la identidad del Ser, en saber quién es uno, mediante la revelación que surge de la conexión con el alma. Especular con la obtención de poderes especiales a través de la meditación, como levitación, videncia, telepatía, etcétera, se convertirá en un obstáculo en el camino hacia la realización. Los fenómenos paranormales sólo incrementarán el ego, el orgullo y la vanidad personal. La repetición del nombre de la divinidad que guiará la práctica ayudará a que la intención sea la correcta, basada en la verdad y el amor, libre de egoísmo.

Es normal intentar poner la mente en blanco, es decir, "no pensar" y que aparezca un torbellino de pensamientos no deseados ni esperados. La repetición de *mantras* (sonidos que tienen la propiedad de atraer vibraciones espirituales de energía positiva) es muy útil para la concentración, la respiración y la relajación. Además del significado espiritual que encierra el *mantra*, la repetición de una palabra o frase mantiene ocupada la mente y evita dispersiones.

Puede utilizarse el Nombre de Dios (véase "Repetición del Nombre de Dios"), una palabra personal que actúe en forma relajante o, por ejemplo, el *mantra Soham*, expresión sánscrita que significa "Soy Dios". *So* al inhalar, *ham* al exhalar. El sonido de los *mantras* calma y relaja. Este paso conecta con la divinidad interior y abre la conciencia para ingresar al mundo sin forma de la meditación.

Repetición del Nombre de Dios

Este ejercicio es uno de los pilares de la disciplina espiritual. Se trata del más alto o potente escudo protector que pueda tener un creyente. Ayuda a sosegar los pensamientos y a afirmar la concentración. Puede realizarse mientras se pasan las cuentas de un rosario, antes de la meditación o en cualquier lugar y hora del día.

Lo fundamental es tomar conciencia del poder del Nombre de Dios; éste puede ser nombrado mentalmente, en voz alta o baja, la cantidad de veces que se desee, pero lo fundamental es la devoción que se pone en la invocación del Sagrado Nombre, sea cual fuere, pues este amor es el puente que conecta con la energía del maestro.

Meditación en la Luz

Buscar la felicidad y la verdad es una aventura en la que se sumergen todas las personas en algún momento de su vida. Para atravesar esta aventura y llegar a la meta es necesario llevar dos herramientas: la fe y la autoconfianza. Muchos serán los obstáculos que se presentarán, pero, sin dudas, sumergirse en las profundidades de la experiencia valdrá la pena. El resultado de la disciplina espiritual, en este caso de la práctica, cambiará radicalmente la vida del aventurero.

¿Quién soy? ¿Cuál es mi misión? ¿A qué se debe mi sentimiento de insatisfacción? A través de los sentidos y de la mente, el ser humano tiene acceso a las respuestas existenciales, sólo debe bucear en la luz, con amor y buena voluntad. La meta de la Meditación en la luz es el acercamiento al ser superior y al conocimiento personal.

La práctica en la luz consiste en una técnica de meditación muy simple. Puede ser realizada por personas de ambos sexos, de todas las edades, razas, clases sociales y culturales, en grupo o individualmente. (Véase *Meditación en la Luz,* de Sathya Sai Baba, Editorial Sai Ram).

Método de la "Meditación en la luz"*

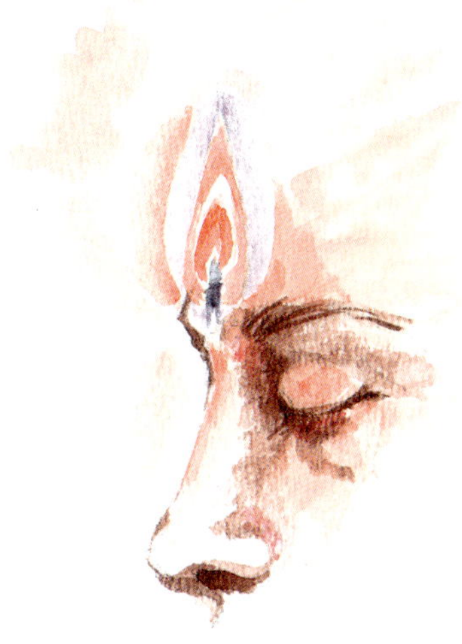

- La práctica puede ser iniciada pronunciando tres veces la sílaba Om (sonido universal que representa la verdad absoluta), lentamente y con los ojos cerrados.

- Invocar al maestro espiritual que guiará la meditación. Pedirle protección y encomendarse a él, puede ser a través de una oración o con palabras propias que surjan del corazón. Como se explicó anteriormente, quien no sienta la presencia de una divinidad con forma, puede optar por percibir mentalmente una luz patente y saludable.

* *Sathya Sai Baba.* Meditación en la Luz, *Editorial Sai Ram, Buenos Aires, 1998.*

- Mantener la atención en las inhalaciones y exhalaciones. La respiración debe ser por la nariz, en forma lenta y natural.

- Repetir mentalmente un *mantra* (véase *"Mantras"*, pág. 53) durante tres o cinco minutos.

- Visualizar la llama con una luz radiante —puede ser conteniendo la forma de Dios— en el entrecejo.

- Imaginar que la luz desciende de manera lenta, trazando un camino luminoso, hasta llegar al corazón o centro del pecho. Una vez que la llama ha entrado al corazón, se convierte en una flor de loto, con pétalos fragantes, luminosos y radiantes. Estos comienzan a abrirse de a uno, liberando los pensamientos, las emociones, los impulsos, los sentimientos y removiendo la oscuridad.

- Visualizar la luz en expansión, cada vez más amplia, hasta abarcar las extremidades y el tronco. Ver el corazón iluminado que emana rayos de luz hacia todo el cuerpo.

- Cuando la luz brillante y límpida envuelva el cuerpo, sentir que: purifica la mente para pensar el bien, los ojos para ver el bien, los oídos para escuchar el bien, la nariz para oler el bien y la boca para hablar el bien. Al sentir la luz en cada sentido y órgano del cuerpo se percibe el amor, que comienza a brillar más y más. Luego, se extiende el círculo de luz que envuelve el cuerpo e irradia a familiares, gente amada, personas con quienes se tiene enemistad (puesto que cuentan con la misma luz de amor en el corazón que uno). La luz trasciende ese círculo de personas conocidas y extrañas, y abarca la humanidad, la creación. Todos los seres se ven contenidos en la irradiación de luz de amor.

Al ser uno mismo la luz que lo contiene todo, se percibe la unidad con el todo. En esa inmensidad, se siente la fusión de uno con Dios.

En resumen: primero hay que sentir que se está en la luz. Después, que la luz está dentro de uno. Luego, hay que tomar conciencia de que uno es la luz, y de que la luz está en todos. Dios es la luz, la luz es uno, uno es Dios. Esta fusión es la esencia de la Meditación en la luz.

- Regresar la llama hacia el corazón, y dejarla allí para siempre, irradiando luz hacia todos.

- Permanecer quieto algunos minutos disfrutando esta sensación placentera. Por medio de una oración, plegaria o palabras propias, agradecer a Dios haber guiado la meditación.

- La práctica puede finalizar con la pronunciación de la sílaba Om (una vez) y *Shanti* (tres veces), palabra sánscrita que significa "paz".

Segunda Parte

Budismo y Meditación *zen*

Cuando todo lo trasciendas, nada podrá retenerte ni nadie podrá atraparte.

Ying-Yang

El *zen* tuvo origen en la India, en el siglo VI y fue introducido primero en Japón y luego en China, por un monje hindú llamado Bodhidharma. Se trata de una rama del budismo y sus principales escuelas son *Soto* y *Rinzai*. *Zen* se denomina en Japón y *Chan* en China. Ambos términos derivan de la palabra sánscrita *dhyana*, cuyo significado evoca la esencia del budismo: trascender el sujeto y el objeto, es decir, yo y el mundo. Esto, en una ligera traducción occidental, refiere a la meditación. La meditación *zen* abarca los conceptos vida y muerte, principio y fin, aquí y allá. Se trata del despertar espiritual, de alcanzar la Iluminación por el camino de la meditación. El concepto "despertar" remite al centro del budismo.

Budismo proviene de *Buddha*, que en sánscrito significa despertar. Para el budismo la vida es un sueño, algo ilusorio, y se llamó al "despierto" Buda o Siddharta Gautama.

La historia de Buda cuenta la vida de Siddharta, príncipe nacido en el norte de la India, que vive tras los muros de un palacio construido por su padre para que no conozca la vejez, la enfermedad, la muerte y el ascetismo. Sucede que los astrólogos le habían anticipado al rey que su hijo sería el Buda "despierto", quien salvaría a todos si llegaba a conocer las cuatro condiciones mencionadas. El joven príncipe crece sin mayores preocupaciones hasta los treinta años, cuando, debido a cuatro salidas del palacio, una hacia cada punto cardinal, descubre los cuatro factores: vejez, enfermedad, muerte y ascetismo. Entonces decide dejar a su mujer e hijo y abandonar el palacio, junto con la vida mundana, para convertirse en el Buda.

Después de varios años de ascetismo, siguiendo las enseñanzas de maestros que fue encontrando en su camino, el príncipe se sienta debajo de la higuera, el árbol del conocimiento, y mediante la meditación alcanza la Iluminación o el *nirvana*. El príncipe se libera, como lo había anunciado a poco de nacer. Esa es su última vida, pues el Iluminado no genera *karma*.

Durante sus últimos años, luego de convertirse en el Buda, lleva una vida intermedia entre el ascetismo y lo terrenal. A esta práctica se sumaron miles de discípulos antes de su muerte.

Se dice que el *zen* no da respuestas, y que no existe como dogma sino como práctica. La teoría sin lo concreto se desvanece. Y esto lleva a uno de los principios budistas, que dice que las cosas existen si hay alguien allí para experimentarlas. Cabe recordar aquí unas líneas de un cuento de J. L. Borges que ilustran claramente este concepto: "Las cosas se duplican en Tlön; propenden asimismo a borrarse y a perder los detalles cuando los olvida la gente. Es clásico el ejemplo de un umbral que perduró mientras lo visitaba un mendigo y que se perdió de vista a su muerte. A veces unos pocos pájaros, un caballo, han salvado las ruinas de un anfiteatro".

También es preciso mencionar las cinco condiciones o *skandhas* del budismo que impiden la luminosidad del ser: forma, sentimiento, pensamiento, voluntad y conciencia.

El budismo sostiene que todas las personas pueden despertarse. En definitiva, se trata de eliminar la creencia del yo, cargar con el sufrimiento de la vida, para poder liberarlo mediante la atención y la concentración, es decir, a través del esfuerzo espiritual.

Es frecuente en el *zen* llevar la meditación a los actos cotidianos o mundanos. En Oriente, al efectuar acciones tales como la ceremonia del té, el tiro al blanco con arco, la esgrima, la escritura con tinta china, la confección de jardines, se emplea una concentración absoluta, que es considerada meditación.

Beneficios

Los beneficios de la meditación *zen* son infinitos, pero entre los más destacados se encuentran: el control de la presión sanguínea, evitar el estrés y enfermedades cardiovasculares, y el desarrollo de una poderosa concentración e intuición.

Además, al incorporar a través de la práctica una respiración apropiada, aumenta la energía vital.

Meditación *zen* de Foco Abierto

Esta técnica puede efectuarse mientras se realiza cualquier actividad. Consiste en desfocalizar la atención. Al desfocalizar, se libera la energía depositada sobre lo que se observa y esto incrementa el nivel de conciencia.

Foco Abierto significa centrar la atención en cada punto del campo visual, es decir, no en un punto fijo.

Se trata de no percibir lo concreto, sino el todo. Al comienzo, será normal que luego de unos minutos de desfocalización, la atención se pose en los detalles. Cuando esto ocurra, se deberá abrir el foco (desfocalizar) nuevamente. No importa la cantidad de veces que se desvíe la atención hacia lo concreto, la práctica logrará lo que al principio parecía imposible.

Se recomienda practicar la desfocalización varias veces al día, puesto que cuanto más se practique, más fácil resultará no desconcentrarse. Los primeros tres meses es aconsejable practicar entre diez y veinte minutos, dos veces por día.

Pasos de la Meditación *zen* de Foco Abierto

- Sentarse en un lugar cómodo, libre de distracciones. Puede ser en posición de loto, medio loto, o en una silla, con los pies apoyados en el piso.

- Con los ojos abiertos, tratar de desenfocar la atención de los objetos que se observan.

- Con la mirada fija, otorgar la misma atención dentro del campo visual a cada elemento abarcado.

- Concentrarse, dejar pasar libremente los pensamientos, manteniendo un ritmo constante y natural de respiración.

La expansión de la conciencia

La meditación de Foco Abierto permite el desarrollo de la conciencia. Al trascender la realidad de la mente (los contenidos mentales), se accede a la realidad de la conciencia. La mente compara lo que percibe con la información almacenada en la memoria. La conciencia, en cambio, advierte una realidad nueva, porque observa cada elemento como si fuera la primera vez, aunque se trate de un elemento ya conocido. Es por esto que el Iluminado tiene otra percepción del tiempo, y observa la misma flor como si fuera una flor diferente.

Zazen

Zazen es una palabra japonesa: *za* significa sentado y *zen*, como se explicó anteriormente, proviene del sánscrito *dhyana*, meditación. El *zazen* abarca o requiere tres aspectos juntos: concentración, contemplación y meditación. El paso hacia cada uno de estos escalones, aspectos del *zazen*, debe darse naturalmente. La mente no debe intervenir durante el proceso. Es decir, no se debe pasar de la contemplación a la meditación conscientemente, ni pensar, por ejemplo, en la cantidad de minutos que se le están dedicando a cada paso.

Finalmente, se realiza *zazen* cuando tres factores actúan en equilibrio. Estos son: la postura, la respiración y la actitud de la conciencia.

Se recomienda iniciar la práctica con la lectura de textos sagrados o de maestros.

Lugar

La práctica puede realizarse en cualquier sala de la casa o rincón limpio, simple y silencioso. Es preferible mirar hacia una superficie lisa, libre de objetos para evitar distracciones.

La luz debe ser tenue y la temperatura templada. Puede agregarse la imagen de Buda, de un santo o de un maestro espiritual; ofrecerle flores y prender sahumerios, hornillos con esencias o velas.

Postura adecuada

Sentarse sobre un almohadón en el suelo, con los isquiones hacia atrás para que la pelvis quede hacia adelante.

El *zafu*, almohadón redondo y plano, originalmente relleno con hierbas secas, otorga una postura estable y equilibrada.

Mantener recta la espalda, respetando las curvas naturales de la columna vertebral; y la atención hacia el abdomen (a unos pocos centímetros debajo del ombligo).

Este punto es llamado *hara* y actúa como centro de gravedad y de energía.

Los hombros deben caer naturalmente y el cuello tiene que permanecer derecho pero no rígido. Lo más importante es sentirse cómodo y relajado.

Las piernas

La postura tradicional del *zazen* es en posición de loto: piernas cruzadas con el pie izquierdo sobre el muslo derecho y el pie derecho sobre el muslo izquierdo, con las rodillas apoyadas en el suelo. Si al intentar realizar esta postura se sienten dolores o incomodidad, se recomienda la postura de medio loto. Consiste en apoyar el pie izquierdo sobre el muslo derecho y el pie derecho puede quedar debajo de la pierna izquierda, casi en la entrepierna.

En ambas posturas es importante que las nalgas queden apoyadas sobre el *zafu* y las rodillas presionen el suelo.

Si esta posición también resulta incómoda, puede adoptarse la posición arrodillada. Las nalgas descansan sobre los talones. Las rodillas y los pies presentan una leve separación. Luego, colocar un almohadón entre las nalgas y los talones. Otra opción ante dolores es el uso de una silla alta pero que permita mantener los pies en el suelo. No debe usarse el respaldo como apoyo de la columna y las rodillas y los pies deben estar ligeramente separados.

Las manos

Colocar las manos sobre el regazo (en la postura de loto completo las manos se ubican sobre los talones) abiertas, con las palmas hacia arriba. Apoyar la mano izquierda sobre la mano derecha, permitiendo que los dedos pulgares, en posición horizontal, apenas se toquen.

La cabeza y el rostro

La cabeza debe permanecer derecha, pero no rígida. No hay que dejar que caiga demasiado hacia atrás ni hacia delante. Debe estirarse la nuca y recoger el mentón. Luego, dejar caer los párpados pero sin llegar a cerrar los ojos por completo, mirando a una distancia aproximada de un metro.

La posición ideal se realiza al mantenerlos semicerrados, en un estado de vigilia. La nariz queda en la línea vertical del ombligo. El rostro debe estar relajado, principalmente la boca, que debe esbozar la media sonrisa, tradicional de la imagen del Buda.

A través de la media sonrisa, el rostro transmite a la mente sentimientos de bienestar y buen humor, indispensables a la hora de meditar. Las mandíbulas se juntan y la lengua toca el paladar superior.

Estabilidad

Para lograr mayor estabilidad, una vez adoptadas todas las indicaciones anteriores, oscilar ampliamente el cuerpo de izquierda a derecha, siete u ocho veces. Disminuir gradualmente la oscilación hasta aquietarse y acomodarse por completo.

Respiración

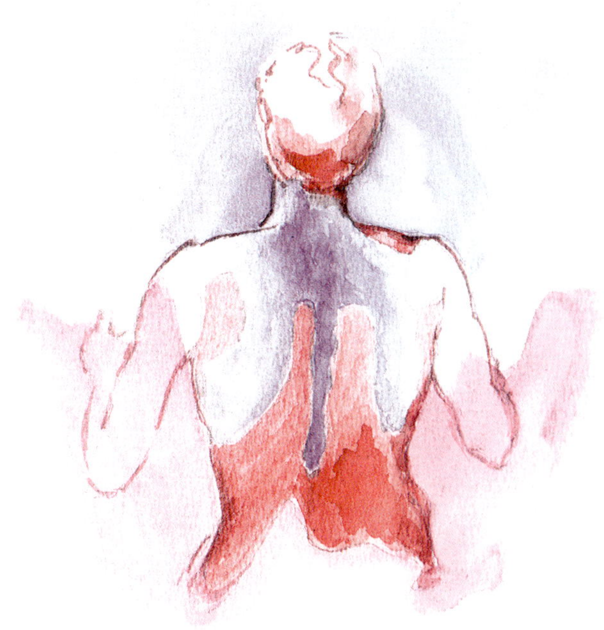

La respiración ayuda a centrar la atención. Es por eso fundamental en la práctica *zazen*. Pueden aplicarse tres tipos de respiración: torácica, diafragmática y abdominal. Para evitar trastornos musculares o mareos, se recomienda consultar con un maestro *zen* cuál es la indicada, según las aptitudes físicas de cada persona.

Un buen ejercicio de respiración para principiantes consiste en contar las respiraciones, por ejemplo: 1 al exhalar, 2 al inhalar, 3 al exhalar, 4 al inhalar... (es preferible comenzar por la exhalación y hacer sólo series de diez para no distraer la mente con una continuidad de números). Realizar este seguimiento hasta lograr una concentración profunda.

La mente y la conciencia

La conciencia surge de la concentración que se logra mediante la postura y la respiración.

Durante la concentración, los pensamientos que aparecen deben ser observados y olvidados, sin brusquedad, naturalmente. Así, dejándolos fluir, sin ofuscación, se alcanza un estado que no discierne entre pensamiento y no-pensamiento.

La mente se aquieta gracias a que los pensamientos ya no la gobiernan con dualidades, problemas, apego, contradicciones, ego. La mente se convierte en un lago sereno. Y la conciencia emana la verdad interna, la naturaleza del cosmos y la conciencia de unidad con el Todo.

ÍNDICE

Ejercicio tipo de Armonización

Segunda Parte